Date: 6/23/20

EL TRICÉRRATOPS

por Harold T. Rober

EDICIONES LERNER ◆ MINNEAPOLIS

Nota para los educadores:

En todo este libro, usted encontrará preguntas de reflexión crítica. Estas pueden usarse para involucrar a los jóvenes lectores a pensar de forma crítica sobre un tema y a usar el texto y las fotos para ello.

ediciones Lerner
Una división de Lerner Publishing Group, Inc.
241 First Avenue North
Mineápolis, MN 55401, EE. UU.

Si desea averiguar acerca de niveles de lectura y para obtener más información, favor consultar este título en www.lernerbooks.com

Library of Congress Cataloging-in-Publication Data

Names: Rober, Harold T.
Title: El tricérratops / por Harold T. Rober.
Other titles: Triceratops. Spanish
Description: Minneapolis : Ediciones Lerner, [2018] | Series: Bumba books en español. Dinosaurios y bestias prehistóricas | In Spanish. | Audience: Age 4–7. | Audience: K to grade 3. | Includes bibliographical references and index.
Identifiers: LCCN 2016049140 (print) | LCCN 2016049836 (ebook) | ISBN 9781512441161 (lb : alk. paper) | ISBN 9781512453720 (pb : alk. paper) | ISBN 9781512449648 (eb pdf)
Subjects: LCSH: Triceratops—Juvenile literature. | Dinosaurs—Juvenile literature.
Classification: LCC QE862.O65 R622718 2018 (print) | LCC QE862.O65 (ebook) | DDC 567.915/8—dc23

LC record available at https://lccn.loc.gov/2016049140

Fabricado en los Estados Unidos de América
1 — CG — 7/15/17

LERNER
e
SOURCE

Expand learning beyond the printed book. Download free, complementary educational resources for this book from our website, www.lerneresource.com.

Tabla de contenido

El tricérratops cornudo

El tricérratops fue un tipo

de dinosaurio.

Vivió hace millones de años.

Está extinto.

El tricérratops era enorme.

Era tan grande como un elefante.

El tricérratops vivía

en grupos.

Esto le ayudaba a

mantenerse a salvo.

¿Por qué piensas que los grupos ayudaban al tricérratops a mantenerse a salvo?

9

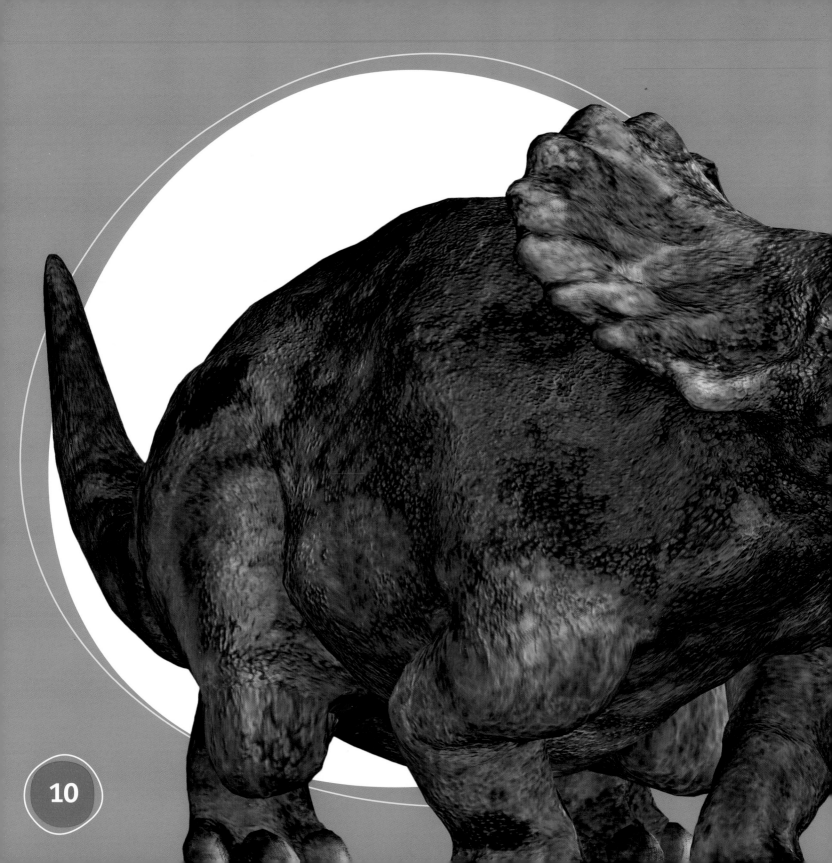

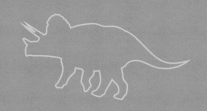

El tricérratops tenía

tres cuernos.

Dos cuernos

estaban sobre

sus ojos.

Uno estaba cerca

de su nariz.

¡Algunas veces

el Tyrannosaurus rex

lo atacaba!

El tricérratops usaba sus

cuernos para defenderse.

¿Para qué más
piensas que usaba
los cuernos
el tricérratops?

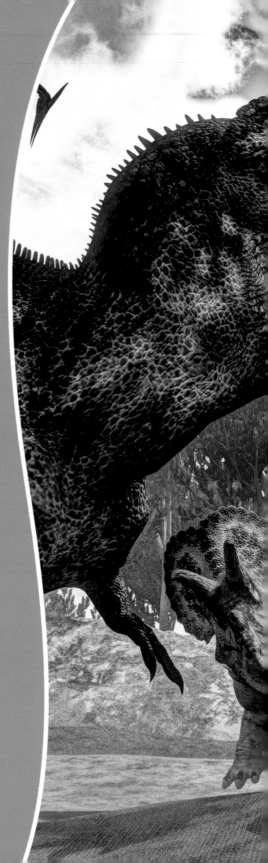

El tricérratops tenía una gola grande.

Esta era un hueso duro que tenía

detrás de su cabeza.

La gola probablemente le ayudaba

a mantenerse caliente.

El tricérratops caminaba

sobre cuatro patas.

Sus patas traseras

eran largas.

Sus patas delanteras

eran cortas.

¿Qué otros
dinosaurios
caminaban sobre
cuatro patas?

pico

18

El tricérratops no

comía carne.

Solamente comía plantas.

Usaba su pico para sacar

plantas de la tierra.

El tricérratops tenía cientos de dientes.

Estos dientes tenían partes distintas.

Estas partes hacían que fuera más

fácil masticar las plantas.

Partes de un tricérratops

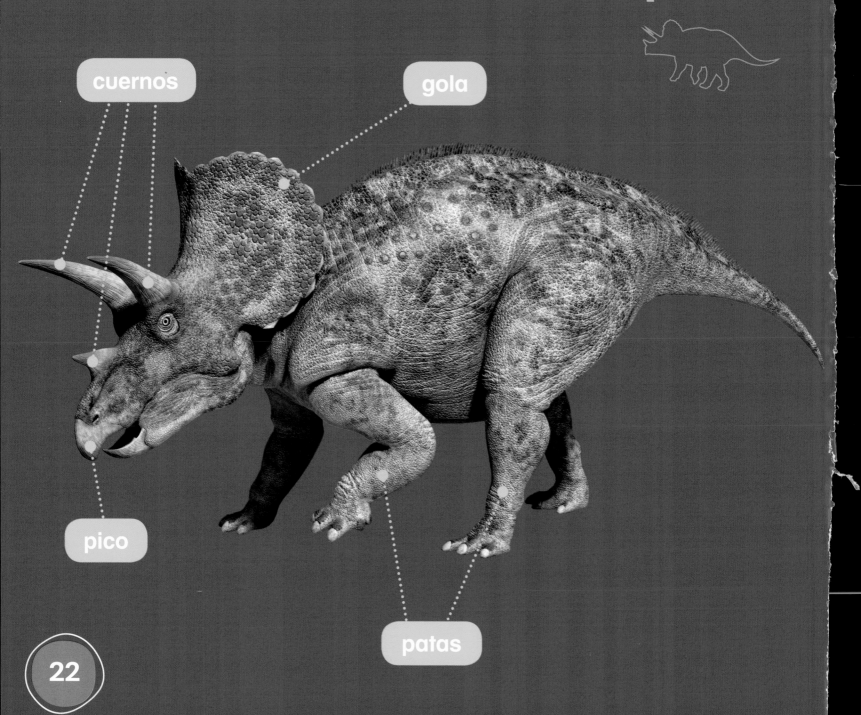

cuernos

gola

pico

patas

Glosario de las fotografías

cuernos

los crecimientos duros y puntiagudos sobre un animal

extinto

que ya no vive

gola

un hueso duro que está detrás de la cabeza

pico

la boca dura y puntiaguda de un animal

23

Leer más

Gray, Susan H. *Triceratops*. Mankato, MN: Child's World, 2015.

Rober, Harold T. *Pterodactyl*. Minneapolis: Lerner Publications, 2017.

Silverman, Buffy. *Can You Tell a Triceratops from a Protoceratops?* Minneapolis: Lerner Publications, 2014.

Índice

Crédito fotográfico

Las fotografías en este libro se han usado con la autorización de: © estt/iStock.com, pp. 5, 23 (esquina superior derecha); © Fresnel/Shutterstock.com, pp. 6–7; © Computer Earth/Shutterstock.com, pp. 8–9; © Ralf Kraft/Dreamstime.com, pp. 10–11, 23 (esquina superior izquierda); © Elenarts/Shutterstock.com, pp. 12–13; © 3Dalia/Shutterstock.com, pp. 14, 23 (esquina inferior izquierda); © leonello/iStock.com, pp. 16–17, 22; © xijian/iStock.com, pp. 18–19, 23 (esquina inferior derecha); © David Roland/Shutterstock.com, p. 21.

Portada: © Shutterstock.com.